河南省工程建设标准

聚氨酯基透水路面技术规程

Technical specification for polyurethane pervious pavement

DBJ41/T 150—2015

主编单位:河南省建筑科学研究院有限公司
批准单位:河南省住房和城乡建设厅
施行日期:2016 年 1 月 1 日

黄河水利出版社
2015 郑 州

图书在版编目(CIP)数据

聚氨酯基透水路面技术规程/河南省建筑科学研究院有限公司主编. —郑州:黄河水利出版社,2015.12

ISBN 978-7-5509-1316-5

Ⅰ.①聚… Ⅱ.①河… Ⅲ.①聚氨酯-透水路面-道路工程-技术规范-河南省 Ⅳ.①U416.25-65

中国版本图书馆 CIP 数据核字(2015)第 304157 号

策划编辑:王文科 电话:0371-66025273 E-mail:15936285975@163.com

出 版 社:黄河水利出版社

地址:河南省郑州市顺河路黄委会综合楼 14 层 邮政编码:450003

发行单位:黄河水利出版社

发行部电话:0371-66026940、66020550、66028024、66022620(传真)

E-mail:hhslcbs@126.com

承印单位:河南承创印务有限公司

开本:850 mm×1 168 mm 1/32

印张:2.25

字数:56 千字 印数:1—3 000

版次:2015 年 12 月第 1 版 印次:2015 年 12 月第 1 次印刷

定价:26.00 元

河南省住房和城乡建设厅文件

豫建设标〔2015〕56 号

河南省住房和城乡建设厅关于发布河南省工程建设标准《聚氨酯基透水路面技术规程》的通知

各省辖市、省直管县(市)住房和城乡建设局(委),郑州航空港经济综合实验区市政建设环保局,各有关单位:

由河南省建筑科学研究院有限公司主编的《聚氨酯基透水路面技术规程》已通过评审,现批准为我省工程建设地方标准,编号为 DBJ41/T 150—2015,自 2016 年 1 月 1 日在我省施行。

此标准由河南省住房和城乡建设厅负责管理,技术解释由河南省建筑科学研究院有限公司负责。

河南省住房和城乡建设厅

2015 年 11 月 19 日

前　言

根据河南省住房和城乡建设厅《关于印发2015年度河南省工程建设地方标准制订修订项目计划的通知》(豫建设标〔2015〕25号)的要求,《聚氨酯基透水路面技术规程》由河南省建筑科学研究院有限公司主编,河南安信建设集团有限公司等单位共同参编。

聚氨酯基透水路面作为一种新型的环保型透水路面,具有良好的透水性,可以避免路面积水,缓解城市“热岛效应”,便于塑造各种路面图案,是一种理想的路面景观铺装材料,具有广阔的应用前景。

本规程遵照国家可持续发展的方针,吸取国内外最新的研究成果,参考我国现行标准、规范,在广泛征求国内科研、设计、生产、施工部门意见的基础上,针对河南省的气候特征与城市建设需要编制。

本规程共分为7章和3个附录,包括总则、术语、材料、设计、施工、质量验收、养护,以及附录A、附录B和附录C。

本规程由河南省住房和城乡建设厅负责管理,由河南省建筑科学研究院有限公司负责具体内容的解释。在执行过程中如有意见和建议,请反馈到河南省建筑科学研究院有限公司(地址:郑州市金水区丰乐路4号,邮编:450053,电话:0371－63828655,E-mail:981876968@qq.com)。

本规程主编单位:河南省建筑科学研究院有限公司

本规程参编单位:河南安信建设集团有限公司

河南银洁装饰材料有限公司

河南省建筑工程质量检验测试中心站有限公司

河南水利勘测有限公司
郑州市园林绿化实业有限公司
河南省建科院工程检测有限公司
河南省建科院新材料股份有限公司

本规程主要起草人员:薛　飞　刘付林　张贵亮　李　冰
鞠　晓　曹　静　杨彦芳　宋福申
李云龙　赵健仓　曾由芬　崔艳玲
孙艳红　郝运来　李　展　屈力群
吴波英　郭高峰　任开国　王永霖
郑　辉　金　明　李宁宁　刘雪鹏
刘培枝　王奇斌　刘　斌　曲礼英

本规程主要审查人员:刘立新　解　伟　林郁萍　白召军
宋建学　季三荣　吴纪东

目　次

1 总　　则

1.0.1 为使聚氨酯基透水路面的设计、施工与验收做到因地制宜、技术先进、经济合理、安全适用，确保工程质量，制定本规程。

1.0.2 本规程适用于城镇轻型荷载道路等聚氨酯基透水路面的设计、施工、验收和维护。

1.0.3 聚氨酯基透水路面的构造形式，应根据地质条件、荷载等级、景观要求、环境情况、施工条件等因素综合选用。

1.0.4 聚氨酯基透水路面的设计、施工、验收和维护除应符合本规程的要求外，尚应符合国家现行标准的要求。

2 术　　语

2.0.1　单粒级集料　single sized aggregate

由碎石、砂粒和粉粒组成的，并以碎石和砂粒为主的，粒径不小于 2.36 mm 的单粒级碎石矿物混合料。

2.0.2　聚氨酯胶粘剂　polyurethane adhesives

在分子链中含有氨基甲酸酯基团（—NHCOO—）或异氰酸酯基（—NCO）起胶粘作用的胶粘剂。一般由 A 组分和 B 组分按一定质量比配制而成。

2.0.3　聚氨酯碎石混合料　porous polyurethane mixture

由集料和聚氨酯胶粘剂经拌和形成的具有连通孔隙结构的混合料。

2.0.4　聚氨酯基透水路面　polyurethane pervious pavement

以聚氨酯胶粘剂作为胶结材料，以单粒级碎石作为集料，以集料的天然色泽作为装饰色，经特定工艺制备和施工，整体结构具有均匀分布的贯通性透水孔隙且路表水可以进入其内部横向排出或渗入路基内部的路面。

2.0.5　透水系数　permeability coefficient

表示聚氨酯碎石混合料及聚氨酯基透水路面透水性能的指标。

2.0.6　连续孔隙率　continuous void

聚氨酯碎石混合料内部存在的连续孔隙的体积占聚氨酯碎石混合料总体积的百分比。

2.0.7　松铺系数　height coefficient of loose placing concrete

聚氨酯碎石混合料铺设厚度与路面设计厚度之比。

2.0.8 透水基层 permeability road course of pervious concrete pavement

土基与聚氨酯碎石混合料之间由级配石或者少胶结材料大孔隙混凝土等摊铺碾压而成的透水、滞水层。

2.0.9 轻型荷载道路 light load road

仅允许轴载40 kN以下车辆行驶的城镇道路、停车场、小区、人行道、园林公园道路等。

3 材　料

3.1 原材料

3.1.1 聚氨酯基透水路面用集料应就近取材，不应破坏自然环境和生态景观。

3.1.2 透水面层用集料须使用质地坚硬、耐久、洁净的碎石料，禁止对集料进行染色或其他化学处理；集料粒径宜选用单粒级集料，如2.36～4.75 mm、4.75～9.5 mm、4.75～13.2 mm等，性能指标应符合表3.1.2规定。

表3.1.2 单粒级集料的性能指标

项目	计量单位	技术要求
表观密度	g/cm^3	≥2.60
含水率	%	≤2.0
吸水率	%	≤1.5
洛杉矶磨耗损失	%	≤25
坚固性	%	≤8
含泥量	%	≤0.5
针片状颗粒含量	%	≤5
自然堆积孔隙率	%	≤45

3.1.3 基层用集料宜采用天然砂和碎石，技术指标应符合国家现行行业标准《公路路面基层施工技术规范》JTJ 034的规定。

3.1.4 施工过程中所用石英粉细度应不小于100目。

3.1.5 聚氨酯胶粘剂的性能指标应符合表3.1.5的规定。

表 3.1.5 聚氨酯胶粘剂的性能指标

项目	计量单位	技术要求	
凝胶时间	min	30 ± 10	
邵氏硬度	Shore D	70 ± 5	
拉伸强度	N/mm^2	≥25	
撕裂强度	N/mm	≥90	
断裂延伸率	%	≥15	
黏度(23 ℃)	MPa · s	A 组分	600 ± 250
		B 组分	210 ± 40
密度(23 ℃)	g/mL	A 组分	1.15 ± 0.05
		B 组分	1.22 ± 0.2

3.1.6 聚氨酯胶粘剂应采用双组分胶粘剂,两组分有严格的混料比例。产品应附有生产厂家的产品合格证、使用说明书等资料。不同等级、厂牌、品种、出厂日期的聚氨酯胶粘剂不得混存、混用。

3.2 聚氨酯碎石混合料

3.2.1 聚氨酯碎石混合料的性能指标应符合表 3.2.1 的规定。

表 3.2.1 聚氨酯碎石混合料的性能指标

项目	计量单位	要求	
		A	B
抗压强度	MPa	≥6.0	≥8.0
弯拉强度	MPa	≥4.0	≥5.0
连续孔隙率	%	≥20	≥15
透水系数	mL/min	≥2 000	
抗老化性能(强度损失率)	%	≤5	

注:A:无机动车通行的轻型荷载道路;B:有机动车通行的轻型荷载道路。

3.2.2 聚氨酯碎石混合料抗压强度试验应参照国家现行标准《普通混凝土力学性能试验方法标准》GB/T 50081 的规定进行。

3.2.3 聚氨酯碎石混合料抗压强度试验除应符合《普通混凝土力学性能试验方法标准》GB/T 50081 中 6.0.4 和 6.0.5 的规定外，尚应符合如下规定：

1 聚氨酯碎石混合料抗压强度试块成型应采用插捣和人工整平的成型方法。标准试件为边长 100 mm 的立方体。试件成型后，应置于温度为 15 ~ 35 ℃，相对湿度不大于 80% 的环境中，标准龄期为 24 h。

2 加载速率应控制在 0.6 ~ 0.9 kN/s。

3.2.4 聚氨酯碎石混合料弯拉强度试验应参照《普通混凝土力学性能试验方法标准》GB/T 50081 的规定执行。

3.2.5 聚氨酯碎石混合料弯拉强度试验除应符合《普通混凝土力学性能试验方法标准》GB/T 50081 中 10.0.2、10.0.3、10.0.4 和 10.0.5 的规定外，尚应符合如下规定：

1 聚氨酯碎石混合料弯拉强度试块成型方法应采用插捣和人工整平的成型方法。标准试件为边长 150 mm × 150 mm × 550 mm 的棱柱体。试件成型后，应置于温度为 15 ~ 35 ℃，相对湿度不大于 80% 的环境中，标准龄期为 24 h。

2 加载速率应控制在 0.6 ~ 0.9 kN/s。

3.2.6 聚氨酯碎石混合料连续孔隙率测试方法应符合本规程附录 A 的要求。

3.2.7 聚氨酯碎石混合料透水系数测试方法应参照《公路工程沥青及沥青混合料试验规程》JTG E20 中 T 0730 的要求。

3.2.8 聚氨酯碎石混合料抗老化性能测试方法应符合本规程附录 B 的要求。

4 设　计

4.1 一般规定

4.1.1 聚氨酯基透水路面应满足道路的使用功能，并满足透水、抗滑、降噪要求。

4.1.2 聚氨酯基透水路面面层厚度应采用24 h龄期的聚氨酯碎石混合料弯拉强度作为设计参数，面层厚应不小于20 mm。

4.1.3 当进行聚氨酯碎石混合料配合比试验时，胶粘剂用量范围应符合表4.1.3的规定。最佳胶粘剂用量应通过试验确定。

表4.1.3 聚氨酯碎石混合料胶粘剂用量范围

集料规格	2.36～4.75 mm	4.75～9.5 mm	4.75～13.2 mm
胶粘剂用量范围(%)	2.6～6.6	2.8～5.2	3.6～7.3

4.1.4 透水基层可选用排水式沥青稳定碎石、级配碎石、大粒径透水沥青混合料、骨架空隙型水泥稳定碎石和透水水泥混凝土。

4.2 构造设计

4.2.1 聚氨酯基透水路面构造组合设计除应满足正常使用功能外，还应具有透水功能。

4.2.2 聚氨酯基透水路面构造类型可采用下列分类方式：

1 聚氨酯基透水路面Ⅰ型(见图4.2.2-1)：路表水经透水面层后排入邻近排水设施；基层厚度应不小于150 mm。

2 聚氨酯基透水路面Ⅱ型(见图4.2.2-2)：路表水经透水基

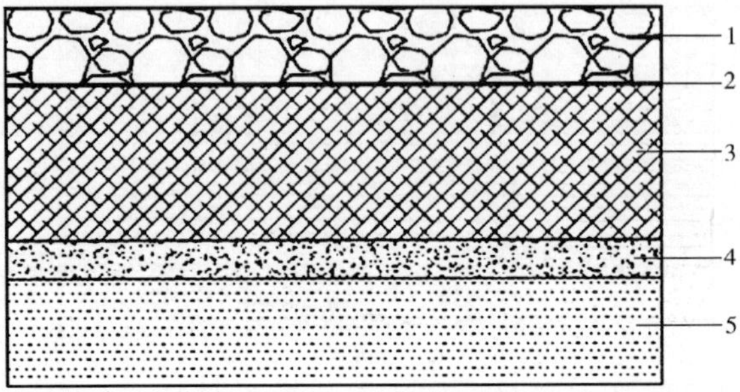

1—聚氨酯碎石透水面层;2—封层;3—基层;4—垫层;5—路基

图 4.2.2-1 聚氨酯基透水路面Ⅰ型

层后排入邻近排水设施;透水基层厚度应不小于 200 mm。

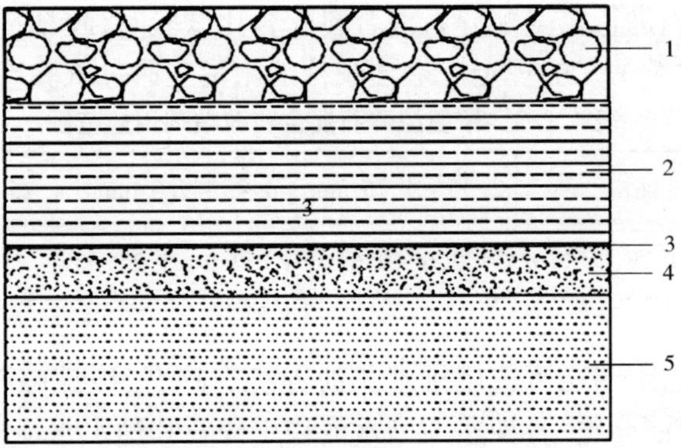

1—聚氨酯碎石透水面层;2—透水基层;3—封层;4—垫层;5—路基

图 4.2.2-2 聚氨酯基透水路面Ⅱ型

3 聚氨酯基透水路面Ⅲ型(见图 4.2.2-3):路表水经聚氨酯碎石透水面层、透水基层及透水垫层后渗入路基。

4.2.3 聚氨酯基透水路面构造形式可根据道路地质条件和使用要求选择。

对需要减少降雨时的路表径流量和降低道路两侧噪声的各类新建、改建道路,宜选用Ⅰ型;对需要缓解暴雨时城市排水系统负

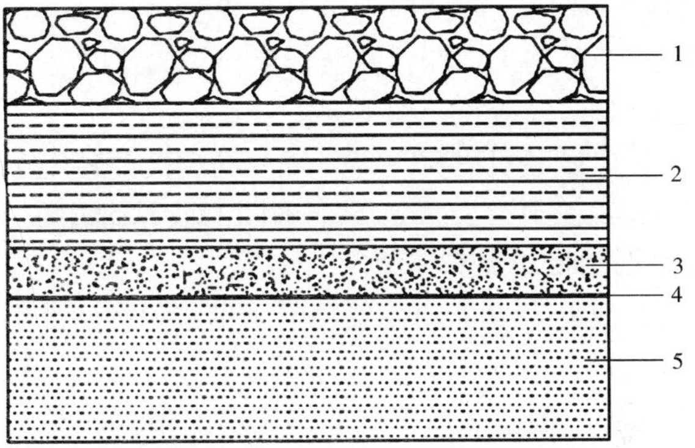

1—聚氨酯碎石透水面层;2—透水基层;3—透水垫层;4—反滤隔离层;5—路基

图 4.2.2-3　聚氨酯基透水路面Ⅲ型

担的各类新建、改建道路,宜选用Ⅱ型;对路基土渗透系数不小于 7×10^{-5} cm/s 的轻型荷载道路,可选用Ⅲ型。

4.2.4　聚氨酯基透水路面构造设计应符合国家现行标准《城镇道路路面设计规范》CJJ 169 的规定。

4.2.5　Ⅰ型、Ⅱ型透水构造应在透水层下设置封层,封层材料的透水系数应不大于 80 mL/min,且应与上下构造层黏结良好。相关技术要求应符合现行行业标准《城镇道路路面设计规范》CJJ 169 和《城镇道路工程施工与质量验收规范》CJJ 1 的规定。

4.2.6　Ⅲ型透水路面的路基顶部应设置反滤隔离层,可选用粒料类材料或土工织物。

4.3　配合比设计

4.3.1　聚氨酯胶粘剂和集料应符合本规程第 3 章的规定。集料一般采用单粒级。

4.3.2　透水面层用碎石的粒径宜不大于透水面层厚度的 1/3。

4.3.3　最佳胶粘剂用量试验应符合下列规定:

1 采用肯塔堡飞散试验确定最小胶粘剂用量。肯塔堡飞散试验除应符合《公路工程沥青及沥青混合料试验规程》JTG E20 中 T 0733 的要求外，尚应符合如下规定：

(1)洛杉矶试验机以 30 ~ 33 r/min 的速度旋转 125 r；

(2)试验过程中至少选定 5 个不同的胶粘剂用量进行试验，选定的胶粘剂用量应具有连续性；

(3)飞散损失为 20% 时的胶粘剂用量定为初始最小胶粘剂用量。

2 采用胶粘剂自然裹覆试验确定初始最大胶粘剂用量。胶粘剂自然裹覆试验应符合本规程附录 C 的要求。

3 可根据试验过程中胶粘剂损失量对初始最小胶粘剂用量和初始最大胶粘剂用量进行修正。

4 在修正后的最小胶粘剂用量与最大胶粘剂用量范围内，选取至少 5 个连续的胶粘剂用量，按照本规程 3.2.2 和 3.2.3 的要求测定其抗压强度并绘制抗压强度随胶粘剂用量变化的曲线，以变化曲线的“转折点”所示胶粘剂用量作为最佳胶粘剂用量。

4.3.4 当原材料发生变化时，必须重新进行配合比试验。

4.4 基层设计

4.4.1 聚氨酯基透水路面基层应稳定、均质，有足够的强度和刚度。面层横坡度应与基层横坡度相同，一般宜为 2% ~3%。

4.4.2 排水式沥青稳定碎石应符合国家现行标准《公路沥青路面施工技术规范》JTG F40 的规定。

4.4.3 透水基层的级配碎石集料粒径应连续，孔隙率宜大于 10%。

4.4.4 大粒径透水沥青混合料的公称最大粒径不宜大于 31.5 mm，可按照表 4.4.4 选用。

表 4.4.4 大粒径透水沥青混合料级配范围

筛孔(mm)	52	37.5	31.5	26.5	19	13.2	9.5	4.75	2.36	1.18	0.6	0.3	0.15	0.075
LSPM25	100	100	100	70 ~ 98	50 ~ 85	32 ~ 62	20 ~ 45	6 ~ 29	6 ~ 18	3 ~ 15	2 ~ 10	1 ~ 7	1 ~ 6	1 ~ 4
LSPM30	100	100	90 ~ 100	70 ~ 95	40 ~ 76	28 ~ 58	19 ~ 39	6 ~ 29	6 ~ 18	3 ~ 15	2 ~ 10	1 ~ 7	1 ~ 6	1 ~ 4
LSPM35	100	75 ~ 98	67 ~ 96	50 ~ 80	25 ~ 60	15 ~ 40	10 ~ 35	6 ~ 25	6 ~ 18	3 ~ 15	2 ~ 10	1 ~ 7	1 ~ 6	1 ~ 4

4.4.5 透水水泥混凝土应符合国家现行标准《透水水泥混凝土路面技术规程》CJJ/T 135 的规定。

4.4.6 骨架空隙型水泥稳定碎石用水泥应符合《通用硅酸盐水泥》GB 175 的规定。水泥用量宜为 8% ~12%,水灰比宜为 0.39 ~ 0.43。配合比设计应符合国家现行标准《公路水泥混凝土路面设计规范》JTG D40 的规定,技术指标应符合表 4.4.6 的规定。

表 4.4.6 骨架空隙型水泥稳定碎石基层材料的技术要求

试验项目	单位	技术要求
孔隙率	%	15 ~30
7 d 抗压强度	MPa	3.5 ~6.5

4.5 垫层设计

4.5.1 垫层用材料性能应符合国家现行标准《城镇道路路面设计规范》CJJ 169 的规定。透水型垫层可采用粗砂、砂砾、碎石等透水性能较好的颗粒类材料。

4.5.2 垫层厚度可根据具体情况确定,不宜小于 150 mm。

4.6 路基设计

4.6.1 聚氨酯基透水路面路基应符合国家现行标准《城镇道路路面设计规范》CJJ 169 的规定。

4.6.2 透水路基浸水后应满足承载力和变形的要求。对软土、膨胀土、湿陷性黄土、盐渍土等地质条件特殊的路段,不宜直接铺筑Ⅲ型聚氨酯基透水路面。

4.7 排水设计

4.7.1 聚氨酯基透水路面应进行排水系统设计。排水系统可根据既有市政排水管网或雨水口进行设计。

4.7.2 排水系统可设计成无组织排水和有组织排水,必要时可设置盲沟、排水沟。

4.7.3 透水路面的排水应与市政排水系统相连。

5 施　　工

5.1 一般规定

5.1.1 施工单位应根据设计文件要求，勘察施工现场，铺筑试验段，确定施工组织方案。

5.1.2 进场材料应符合国家现行标准《城镇道路工程施工与质量验收规范》CJJ 1 和本规程第 3 章的规定。

5.1.3 施工宜在天气良好的情况下进行，施工现场气温不宜低于 5 ℃且不宜高于 40 ℃，禁止在雨天施工。

5.1.4 透水面层铺筑应分区支设模板，经检查验收合格后，方可进行面层铺筑。

5.1.5 面层施工前，应对基层表面作清洁处理，处理后的基层表面应平整、干燥、无粉尘。

5.1.6 透水路面工程应对每一道工序进行检查验收，符合要求后方可进行下一工序的施工。

5.2 铺筑试验段

5.2.1 透水路面工程开工前，应进行混合料的试拌、试铺。

5.2.2 试验段宜不小于 10 m 或 30 m^2。

5.2.3 路面厚度、铺筑方法等应按照施工组织方案进行。

5.3 路基基层施工

5.3.1 路基和基层施工应符合国家现行标准《城镇道路工程施工与质量验收规范》CJJ 1 的规定，并满足设计要求。

5.3.2 路基及基层施工期间应做好临时防水、排水方案。

5.4 拌和、运输

5.4.1 聚氨酯胶粘剂称量允许偏差为 ±0.5%，集料称量允许偏差为 ±2%。首次拌和时，应考虑胶粘剂损失，可适当增加胶粘剂用量 0.3% ~0.5%。

5.4.2 每次聚氨酯胶粘剂的配料量应根据施工条件确定，一次性配料不宜过多，A 组分和 B 组分混合搅拌宜在 1 min 内完成。

5.4.3 在聚氨酯胶粘剂配料过程中，可加入适量的一定细度的石英粉进行物理增稠。

5.4.4 拌和时，应将称量好的碎石倒入搅拌机内，开动电机，再将混合好的聚氨酯胶粘剂慢慢倾倒在集料上，聚氨酯碎石混合料混料宜在 3 ~5 min 完成。

5.4.5 严禁向胶粘剂及混合料中添加任何其他化学材料。

5.4.6 搅拌机位置应靠近作业地点。应根据施工进度、运量、运距及路况选取合理的运输设备。

5.4.7 施工中断时，应采取合理方式处理所用材料并清洁搅拌装置。

5.5 摊铺、压实

5.5.1 聚氨酯碎石混合料可采用专用设备或人工进行摊铺，施工时应确保边角处无缺料现象。松铺系数宜取 1.1。

5.5.2 宜采用振动压实机压实混合料，同时辅以人工补料、找平，并找准平整度与排水坡度。

5.5.3 混合料压实后，宜使用机械收面，也可人工拍实、整平；整平时，保持面层整洁及接缝处平整。

5.5.4 施工时，应保证各工序紧密衔接。

5.5.5 聚氨酯碎石透水面层固化后，须进行防滑处理。处理方法宜采用滚涂聚氨酯胶粘剂和喷撒石英粉的方式。

5.5.6 透水路面铺筑完成并检查合格后，应立即封闭交通，封闭时间宜不小于 24 h，封闭期间禁止人员踩踏。

6 质量验收

6.1 一般规定

6.1.1 聚氨酯基透水路面施工质量应按下列要求进行验收:

1 工程质量的验收均应在施工单位自行检查评定合格的基础上进行。

2 隐蔽工程在隐蔽前,应由施工单位通知监理单位进行验收,确认合格后,应形成隐蔽验收文件。

3 承担检测的单位应为具有相应资质的独立第三方。

4 工程的观感质量应由验收人员通过现场检查,共同确认。

6.1.2 聚氨酯基透水路面工程质量验收合格应符合下列规定:

1 工程的质量均应验收合格。

2 质量控制资料应完整。

3 主要使用功能的抽查结果应符合相关专业验收规范的规定。

4 观感质量应符合要求。

6.1.3 聚氨酯基透水路面施工质量验收时应提供下列资料:

1 设计文件。

2 工程采用的主要材料的质量证明文件或检测报告。

3 施工或检查记录。

4 各检验批的主控项目、一般项目的验收记录。

5 其他资料。

6.1.4 当施工中对聚氨酯基透水路面的质量有怀疑或争议时,应在监理单位或建设单位等的见证下,由施工单位组织实施实体检验，委托具有相应资质的检测机构进行。

6.2 质量检验标准

主控项目

6.2.1 原材料质量应符合下列规定：

1 聚氨酯胶粘剂的质量应符合本规程表 3.1.5 的要求。

检查数量：以同生产厂家、同品种、同批次的聚氨酯胶粘剂为一批，每批抽检一次。

检验方法：检查合格证、出厂检验报告和进场复检报告。

2 透水面层用集料的质量应符合本规程表 3.1.2 的要求。

检查数量：同产地、同品种、同规格且连续进场的集料，每 200 m^3 或 300 t 为一批，不足 200 m^3 或 300 t 时按一批计，每批抽检一次。

检验方法：观察、检查试验报告。

3 石英粉细度应符合本规程 3.1.4 的要求。

检查数量：以同生产厂家、同品种、同批次的石英粉为一批，每批抽检一次。

检验方法：检查试验报告。

6.2.2 聚氨酯碎石混合料的性能应符合本规程 3.2.1 的要求。

检查数量：每 100 m^3 同配合比聚氨酯碎石混合料取样一次，不足 100 m^3 时按一次计。

检验方法：检查试验报告。

6.2.3 聚氨酯基透水路面面层质量除应符合设计要求外，尚应符合下列规定：

1 聚氨酯基透水路面面层抗滑性能 *BPN* 应不小于 60。

检验数量：每 500 m^2 同一类型透水路面检验一次，不足 500 m^2 时按一次计。

检验方法：检查试验报告。

2 聚氨酯基透水路面面层透水性应不小于 1 800 mL/min。

检验数量：每 500 m^2 同一类型透水路面检验一次，不足 500 m^2 时按一次计。

检验方法：现场裁取或钻取试样检测。

一般项目

6.2.4 聚氨酯碎石混合料应拌和均匀，无碎石露白、混合料离析等现象。

检查数量：全数检查。

检查方法：观察。

6.2.5 聚氨酯基透水路面面层应平整，边线整齐，无石子脱落、坑洼等现象。施工接茬应平顺，禁止出现断层。

检查数量：全数检查。

检查方法：观察、测量。

6.2.6 彩色聚氨酯基透水路面颜色应均匀一致；图案尺寸、比例应符合设计要求。

检查数量：全数检查。

检查方法：观察、测量。

6.2.7 聚氨酯基透水路面面层允许偏差、检验频度及检验方法应符合表 6.2.7 的要求。

表 6.2.7　聚氨酯基透水路面面层允许偏差、检验频度及检验方法

工程部位	检验项目	单位	允许偏差	检验频度	检验方法
透水面层	纵断高程	mm	+5，-10	每 20 延米 1 点	用水准仪
	宽度	mm	0，+20	每 20 延米 1 处	用钢直尺
	横坡	%	±0.3 且不反坡	每 30 延米 1 处	用水准仪
	平整度	mm	≤5	每 20 延米 1 处	用钢直尺、靠尺
	厚度	mm	0，+5	100 m^2/次	用直尺

7 养　护

7.0.1 聚氨酯基透水路面交付使用后，应定期清理、维护，保证其正常的透水功能。

7.0.2 在冬季，聚氨酯基透水路面应及时清除积雪，并采取防止路面结冰的措施。严禁撒灰或灰渣进行除雪。

7.0.3 当聚氨酯基透水路面出现裂缝或碎石脱落等损坏时，应及时维修。

附录 A　连续孔隙率的测试方法

A.0.1　本方法适用于聚氨酯碎石混合料连续孔隙率的测定。

A.0.2　连续孔隙率试验主要试验器具宜包括：

1　电子天平：称量 5 000 g，感量 0.5 g。

2　游标卡尺：量程 300 mm。

3　烘箱：温度控制范围为（105 ± 5）℃。

4　金属网篮：网孔 5 mm，尺寸 200 mm × 200 mm × 200 mm。

5　溢流装置容器：能保持一定水位，可将金属网篮完全浸入所盛水中。

6　挂件：用于测取水中质量的金属网篮悬挂于称量盘中心位置的装置。

A.0.3　试样制备应符合下列规定：

将聚氨酯碎石混合料按照本规程 3.2.2 成型边长为 100 mm 立方体的标准试块，每组试验 3 个试块。

A.0.4　孔隙率试验应按下列步骤进行：

1　用卡尺测量试块的尺寸，精确至 0.1 mm，计算试块体积（V）。

2　将标准龄期的试块放入烘箱中，于温度（105 ± 5）℃下烘干至恒重，并在干燥器中冷却至室温后，称取试块的干燥质量（A）。

3　把称取过干燥质量的试块浸入装满水的溢流装置容器中，用木槌轻轻敲击试块，使之排出气泡，收集溢出的水，测定其体积（V'）。

4　将试块放入网篮并浸入水中，称取试块在水中的质量（C）。网篮浸入水中后，应轻轻晃动，直到不再产生气泡为止时进行读数。

A. 0. 5 孔隙率应按下式计算，精确至0.1%：

$$VV'(\%)=\frac{V-V'}{V}\times 100\% \qquad (A.0.5\text{-}1)$$

$$V'=\frac{A-C}{\rho_W} \qquad (A.0.5\text{-}2)$$

式中 VV'——连续孔隙率(%)；

V'——混合料和封闭空隙的体积，mm^3；

V——试块体积，mm^3；

A——试块干燥质量，g；

C——试块水中质量，g；

ρ_W——常温水的密度，取1.0 g/cm^3。

以3次试验结果的平均值作为测定值。其中，若有两次结果差值大于5.0%，应重新进行试验。

附录 B　抗老化性能测试方法

B.0.1　本方法适用于聚氨酯碎石混合料抗老化性能的测定。

B.0.2　聚氨酯碎石混合料抗老化性能试验主要试验器具宜包括：

1　压力试验机：精度 ±1%。

2　氙灯耐气候老化箱：光照强度 600 W/m^2。

3　电子天平：称量 5 000 g，感量 0.5 g。

4　烘箱：温度控制范围为(50 ±2) ℃。

5　水浴槽、钟表等。

B.0.3　聚氨酯碎石混合料抗老化性能试验应按下列步骤进行：

除有特殊要求外，试件应在不少于 24 h 龄期时进行抗老化试验。将试件取出，进行外观检查，试件的外观尺寸应满足本规程 3.2.2 及 3.2.3 的要求。随后将试件放在(50 ±2) ℃烘箱中烘干至恒重，然后进行抗老化试验。对比试件则应继续保留，直到完成抗老化试验后，与抗老化试件同时进行抗压强度试验。

烘干完毕后，应及时取出试件，并应分别称重、编号，然后将浸泡后的试件迅速转入光照强度为 600 W/m^2 的氙灯耐气候老化箱中，相对湿度控制在(50 ±5)%，温度控制在(100 ±2) ℃，持续时间为 120 h。

B.0.4　试验结果计算及处理。

强度损失率应按下式进行计算：

$$\Delta f_c = \frac{f_{c0} - f_{cn}}{f_{c0}} \times 100\% \qquad (B.0.4\text{-}1)$$

式中　Δf_c——老化循环后的混凝土抗压强度损失率，精确至 0.1%；

f_{c0}——对比用的一组标准试件的抗压强度测定值,精确至 0.1 MPa;

f_{cn}——老化循环后的一组试件抗压强度测定值,精确至 0.1 MPa。

f_{c0}和f_{cn}以 3 个试件抗压强度试验结果的平均值作为测定值。当最大值或最小值之一与中间值之差超过中间值的 15% 时,剔除此值,取其余两值的平均值作为测定值;当最大值和最小值均超过中间值的 15% 时,则取中间值作为测定值。

附录 C　自然裹覆胶粘剂用量测试方法

C.0.1　本方法适用于聚氨酯碎石混合料自然裹覆胶粘剂用量的测定。

C.0.2　自然裹覆胶粘剂用量试验主要试验器具宜包括：

1　电子天平：称量 1 000 g，感量 0.5 g。

2　1.18 mm 试验筛。

3　铲刀、玻璃板等。

C.0.3　自然裹覆胶粘剂用量试验应按下列步骤进行：

1　称取 200 g(m_1)集料、100 g 胶粘剂(双组分的总质量)。

2　将称取好的集料倒在玻璃板上，把胶粘剂倾倒在集料上，用铲刀贴着玻璃表面快速拌和。

3　将拌和好的混合料倒在 1.18 mm 试验筛上，用铲刀将混合料分开并均摊在试验筛上。

4　静置，当试验筛下不再有胶粘剂滴落时，称取混合料的质量(m)。

5　胶粘剂与集料混合到称取混合料质量应在 5 min 内完成。

C.0.4　自然裹覆胶粘剂用量应按下式计算，精确至 0.1%：

$$P = \frac{m - m_1}{m} \times 100\% \qquad \text{(C.0.4-1)}$$

式中　P——自然裹覆胶粘剂用量(%)；

m——试验后混合料质量，g；

m_1——试验前集料质量，g。

聚氨酯碎石混合料初始最大胶粘剂用量应按下式计算：

$$Q = P \times 0.85 \qquad \text{(C.0.4-2)}$$

式中　Q——初始最大胶粘剂用量(%)；

P——自然裹覆胶粘剂用量(%)。

以3次试验结果的平均值作为测定值。

本规程用词说明

1 为便于在执行本规程条文时区别对待,对严格程度要求不同的用词说明如下:

(1)表示很严格,非这样做不可的:

正面词采用“须”、“必须”,反面词采用“严禁”。

(2)表示严格,在正常情况下均应这样做的:

正面词采用“应”,反面词采用“不应”或者“不得”。

(3)表示允许稍有选择,在条件许可时首先应这样做的:

正面词采用“宜”,反面词采用“不宜”。

(4)表示有选择,在一定条件下可以这样做的,采用“可”。

2 本规程中指明应按其他有关标准、规范执行的写法为“应符合……的规定”或者“应按……执行”。

引用标准名录

1 《城镇道路路面设计规范》CJJ 169
2 《城镇道路工程施工与质量验收规范》CJJ 1
3 《公路工程集料试验规程》JTG E42
4 《透水水泥混凝土路面技术规程》CJJ/T 135
5 《公路工程水泥及水泥混凝土试验规程》JTG E30
6 《公路路面基层施工技术规范》JTJ 034
7 《普通混凝土力学性能试验方法标准》GB/T 50081
8 《公路工程沥青及沥青混合料试验规程》JTG E20
9 《公路沥青路面施工技术规范》JTG F40
10 《公路水泥混凝土路面设计规范》JTG D40
11 《公路路基路面现场测试规程》JTG E60

河南省工程建设标准

聚氨酯基透水路面技术规程

DBJ41/T 150—2015

条 文 说 明

制定说明

《聚氨酯基透水路面技术规程》DBJ41/T 150—2015，经河南省住房和城乡建设厅于2015年11月19日以豫建设标〔2015〕56号公告批准、发布。

本规程制定过程中，主编单位进行了广泛的调查研究，认真总结了实践经验，同时参考了国外技术法规、技术标准，通过大量的试验，取得了相应的重要技术参数。

为了便于广大设计、施工单位有关人员在使用本规程时能正确理解和执行条文规定，《聚氨酯基透水路面技术规程》主编单位按章节、条顺序编制了本规程的条文说明，对条文规定的目的、依据以及执行中需注意的有关事项进行说明。但是，本条文说明不具备与标准正文同等的法律效力，仅作为使用者理解和把握规程规定的参考。

目　次

1 总　　则

1.0.1 近年来,随着经济的发展和人民生活质量的提高,我国对生态平衡和人与自然的和谐发展提出了更高的要求,许多建设项目都贴上了"绿色"标签,当然路面建设也不例外。现在城市地表越来越多地被沥青和混凝土等"硬化"材料所覆盖,如行车道、人行道、公园、小区道路、停车场和公共广场等,大都选择混凝土和石质板材铺设,不可否认,它们的应用带给人们诸多方便,提高了生活和出行效率,但是也产生了许多负面影响:

(1)路面透水性差,地下水补给被阻断,降雨时路面只能依靠汇水系统和排水管道排除地表积水,导致暴雨时易发生水灾。

(2)路面透气性差,使许多地下生存的动植物得不到充足养分。

(3)改变了城市水蒸发循环系统,是造成城市内涝和"热岛效应"的主要根源,给人们带来不便的同时也增加了降温所需的能源消耗。

(4)雨天会引起地表积水,车辆行驶在路面上会产生滑移和雨水飞溅等现象;冬季雨后滞留的表面积水易结冰,增加了交通隐患。

(5)水泥路面的应用还使得城市噪声污染日趋严重。

为解决上述问题,有人提出采用大孔隙透水沥青路面,也有人提出采用热反射涂层技术来降低路面温度以缓解城市"热岛效应",但这些都是基于沥青或水泥作为路面铺装材料,沥青材料的温度敏感性和黏附性决定其高温抗变形能力和水稳定性(尤其是对于大孔隙透水混合料而言)始终难以发生根本性改变。因此,开发一种强度高、耐久性好、荷载和温度敏感性小的新型环保路面铺装材料很有必要。多孔隙聚氨酯碎石混合料便是这样一种具有广阔应用前景的材料。多孔隙聚氨酯碎石混合料不含细集料和填料，主要靠包裹在粗集料表面的聚氨酯胶粘剂氧化反应形成强度，将碎石黏结成整体。为了保证其透水性满足要求，较多采用单档集料或间断级配骨料拌和而成。这种路面具有以下优点：

（1）透水透气性好，能提供地面以下动植物所需的水分和养分、改善周围环境的温度和湿度。

（2）对光线具有很好的反射作用，缓解城市“热岛效应”。

（3）颜色丰富、路面美观，能与周围环境相互协调，增加整体环境的美观性。

目前，国内仅有透水水泥混凝土路面、透水沥青路面等行业标准，在透水路面多元化、装饰化的发展方面尚无新的标准规范，为贯彻国家节能减排、环境保护政策，使聚氨酯基透水路面在设计、施工、检验中统一管理，做到技术先进、经济合理、安全适用，确保道路工程、室内外工程、园林工程中路面施工质量，特制定本规程。

1.0.2 透水路面在我国的应用尚不普及，已有的透水水泥混凝土路面、透水沥青路面在施工及使用过程中有诸多局限性，性能优越的聚氨酯基透水路面拓宽了透水路面的应用范围，使透水路面前景广阔。本规程适用于河南省新建及改扩建小区道路、轻型道路及停车场、非机动车道、步行街以及休闲广场、公园、校园、厂区内的非机动车道的设计、施工、验收。除在上述工程中使用外，在河道护坡、铁路路基方面的应用也可参照本规程。

2 术 语

本章给出的术语是本规程有关章节中所应用的。

编写本章术语时,参考了《道路工程术语标准》GBJ 124、《城镇道路工程施工与质量验收规范》CJJ 1 等国家标准和行业标准的相关术语。

本规程的术语是从本规程的角度赋予其含义的,但含义不一定是术语的定义。同时,还分别给出了相应的推荐性英文。

3 材　　料

3.1 原材料

3.1.1 聚氨酯基透水路面的颜色是所用骨料的自然色泽，各地均有不同颜色的岩石，为节约成本和具有地域特色，宜就近取材。

3.1.2 用于聚氨酯碎石混合料的集料，要求洁净且形状接近于立方体。根据室内试验结果，建议碎石洁净程度采用水洗法（0.075 mm 通过率）来控制，含泥量不宜超过 0.5%；而形状可以采用针片状颗粒含量来控制，其含量不宜超过 5.0%。另外，试验表明，在集料表观密度≥2.60 g/cm^3、吸水率≤1.5%、自然堆积孔隙率≤45%时，更容易配制出性能优良的多孔隙聚氨酯碎石混合料。

集料压碎值是用于衡量石料在逐渐增加荷载的作用下抵抗压碎的能力，是衡量集料力学性能的指标，以评定其在公路工程中的适用性；特别是大孔隙碎石结构的破坏与集料被压碎有关，故压碎值的重要性不言而喻。但是，由于本规程所涉及的集料粒径大多偏小，达不到相应压碎值试验的标准要求，试验过程中根据集料特点做了相应改动，依据国家现行规范《公路工程集料试验规程》JTG E42，对 3 ~5 mm 大理岩，选取 2.36 ~4.75 mm 粒径的集料进行非标准压碎值试验；对 4 ~6 mm 大理岩和 5 ~10 mm 花岗岩，则选取 4.75 ~9.5 mm 粒径的集料进行试验，试验后过 1.18 mm 和 2.36 mm 筛。由于本次压碎值试验研究均采用非标准试验，没有相关标准可供参考，鉴于其施工粒径的特殊性，编制组建议以后可结合实体工程，针对不同粒径集料提出相应的压碎值标准。本规程对压碎值指标暂不做具体要求；根据试验及实际应用情况，本规程认为按照上述非标准方法测得的压碎值大于20%的集料不适宜配置聚氨酯碎石混合料。

另外，在粗集料的技术指标中，我国特别重视压碎值，其实世界上目前使用最多的是洛杉矶磨耗损失。压碎值是以前英国标准 BS 812 中的老方法，在欧洲新标准 EN 13043:2002 以及英国标准 BSEN 1097-2:1988 中的方法，都已经取消了压碎值，改为洛杉矶磨耗损失等技术指标。

为了增加聚氨酯碎石混合料的孔隙率、减少聚氨酯胶粘剂用量，对碎石的形状有一定要求，碎石经破碎后还应经过立体式冲击破碎机（碎石整形机）进行加工，使其接近立方体的形状。

聚氨酯碎石混合料用集料试验方法应符合国家现行标准《公路工程集料试验规程》JTG E42 的规定，见表 3.1。

表 3.1　集料的性能指标对应的试验方法

项目	计量单位	技术要求			试验方法
		1	2	3	
粒径	mm	2.36～4.75	4.75～9.5	4.75～13.2	
表观密度	g/cm^3	≥2.60			T 0304
含水率	%	≤2.0			T 0305
吸水率	%	≤1.5			T 0304
洛杉矶磨耗损失	%	≤25			T 0317
坚固性	%	≤8			T 0314
含泥量	%	≤0.5			T 0310
针片状颗粒含量	%	≤5			T 0312
自然堆积孔隙率	%	≤45			T 0309

3.1.3　基层在具体工程中非常重要，但很多人对此重视不够，其实很多路面工程的质量问题都是由基层先期破坏而导致的。虽然本规程所适用的道路多为轻型荷载道路，但是鉴于聚氨酯透水面层的

特殊性,为保证工程质量,基层所采用的集料应满足国家现行行业标准。

3.1.4 实际施工中,需采用石英粉对胶粘剂进行物理增稠及后期耐磨防滑处理,石英粉宜为一般纯度,用于胶粘剂外力增稠的石英粉细度宜为140目,用于后期耐磨防滑处理的石英粉细度宜为100目。

3.1.5 聚氨酯胶粘剂在我国的发展远远落后于欧美国家,作为结构性黏结材料多用在轻工业方面,在建筑方面的应用很少,具有生产高性能聚氨酯胶粘剂的国内企业也很少,质量参差不齐。为保证工程质量,应采用质量上乘、性能稳定的产品。本规程制定过程中的试验多采用巴斯夫聚氨酯特种产品(中国)有限公司生产的双组分聚氨酯胶粘剂。

聚氨酯胶粘剂的技术要求是通过大量的试验得出的。由于试验过程中采用的胶粘剂是国外企业生产的,生产厂商提供的性能指标及试验方法均来自国外标准,为了适应国内的需要,本规程制定过程中所采用试验方法均为国家现行的相关标准方法,见表3.2。

表3.2 聚氨酯胶粘剂性能指标对应的试验方法

检验项目	计量单位	技术要求		试验方法
凝胶时间	min	30±10		GB 12007.7
表面硬度	Shore D	70±5		GB/T 531.1
拉伸强度	N/mm^2	≥25		GB/T 2568
撕裂强度	N/mm	≥90		GB/T 529
断裂延伸率	%	≥15		GB/T 2568
黏度(23 ℃)	MPa·s	A组分	600±250	GB/T 7193
		B组分	210±40	GB/T 7193
密度(23 ℃)	g/mL	A组分	1.15±0.05	GB/T 6750
		B组分	1.22±0.2	GB/T 6750

3.1.6 不同厂商生产的胶粘剂在性能上有很大区别,使用过程中禁止混合使用。

3.2 聚氨酯碎石混合料

3.2.1 本条明确了聚氨酯碎石混合料的性能指标。试验研究表明,在不考虑孔隙率及透水要求的前提下,聚氨酯碎石混合料的抗压强度完全可以满足中、轻型城镇道路的要求,鉴于需要同时满足路用和透水的要求,且多用于非机动车道路,故本条对聚氨酯碎石混合料的抗压强度指标的设置相对较低。由于聚氨酯胶粘剂的特性,聚氨酯碎石混合料的弯拉强度远远优于透水水泥混凝土,在一定情况下,其弯拉强度与抗压强度的比值接近1:1。由于聚氨酯碎石混合料采用单粒级碎石,在严格控制胶粘剂用量的前提下,其孔隙率很大,一般都在15% ~30%。试验表明,当聚氨酯碎石混合料性能指标符合表3.2.1时,完全能达到路面设计要求。

3.2.2、3.2.3 在聚氨酯碎石混合料搅拌过程中,由于胶粘剂的黏结作用及集料颗粒的嵌挤作用,使混合料存在一定的黏性,把混合料倒入试模后仅靠自重作用无法密实成型;若不采取措施进行处理,成型的试件将存在大量孔洞,致使混合料自身存在较大的缺陷,因此聚氨酯碎石混合料成型时需借助插捣、压力等外力使试件密实。

聚氨酯碎石混合料孔隙率较大、内部结构以点—点接触为主,少部分集料存在面接触,这种组成特点使其受力存在薄弱环节,易产生应力集中现象。因此,在实际施工中不能使用压路机等重型机械进行碾压,对于大面积透水路面工程,一般采用专门的施工机械(比如表面磨光机)进行压实;而对于面积较小、厚度较薄并且较为分散的局部区域也可人工抹平收面,人工抹平收面的作用同样是压实。鉴于以上情况,在室内试验研究过程中,为了尽量模拟实际施工条件,有必要选取适宜的成型方法。经过大量试验,从振动成型法、轮碾机碾压成型法、静压法、插捣和人工整平法等方法中最终筛选出插捣和人工整平法更适宜聚氨酯碎石混合料的成型。

目前,国内外还没有聚氨酯碎石混合料抗压强度的测定方法,甚至对透水混凝土的测定也没有形成统一的标准。经大量试验得出,参照国家现行《普通混凝土力学性能试验方法标准》GB/T 50081的规定进行抗压强度试验,且加载速度处于0.6~0.9 kN/s时得到的数据离散性最小。

编制过程中,有些专家建议采用式(3.1)计算聚氨酯碎石混合料的抗压强度值,称为实材抗压强度。

$$f_0 = F/(A \times A_0) \tag{3.1}$$

式中 f_0——试件实材抗压强度,Pa;

A——试件承压面积,m^2;

F——试件破坏荷载,N;

A_0——试件表面密实度(%),即实体部分占表面总面积的比率。

对于这种测量方法,还存有争议,因为实际上大孔隙结构破坏多发生在集料与集料的点接触部位,真正的承压面积是所有试件内部点接触的总面积,与试件表面去除孔隙面积后得到的承压面积仍有较大区别,所以本规程未采用上述方法。

3.2.4、3.2.5 经过大量试验及研讨,聚氨酯碎石混合料的弯拉强度测定宜参照《普通混凝土力学性能试验方法标准》GB/T 50081,采用三分点处双力点加荷,以150 mm×150 mm×550 mm作为标准抗折试件,测定24 h龄期的弯拉强度,加载速度为0.6~0.9 kN/s。试验时,要把试件的侧面作为承压面,且必须使支座及承压面与活动船形垫块的接触面保持平稳。

3.2.7 关于表征透水材料透水性能的试验方法,不同的材料由于自身特点不同,有不同的方法,聚氨酯碎石混合料与水泥混凝土差异较大,与沥青混凝土比较接近,因此透水系数测定采用《公路工程沥青及沥青混合料试验规程》JTG E20中《沥青混合料渗水试验》T

0730 的方法。

3.2.8 聚氨酯碎石透水路面投入使用后,就一直承受外部荷载和大气因素的作用,导致其物理力学性能随着温度和时间的推移不断发生变化。为了保证路面安全,确保能提供稳定、舒适、耐久的服务,很有必要对聚氨酯碎石混合料的耐久性能展开深入研究。本规程制定过程中,探索研究了聚氨酯碎石混合料在最佳胶粘剂用量下的耐久性能,主要包括:抗水热老化性能、抗光热老化性能。试验表明,光热老化更好地模拟了混合料作为路面材料的实际老化情况。模拟光热老化后,混合料颜色加深,强度损失很小,通常介于 3% ~ 6%。

其他老化,本规程未予采用。实地试验、考察表明,冬季结冰一般不会造成冻胀破坏,由于聚氨酯碎石混合料的大孔隙特征,冬季降水后一般雨水会迅速排除,在结冰的情况下,冰晶的生长会沿着大孔隙进行,不会对聚氨酯碎石混合料产生冻胀破坏,在实际应用过程中尚未发现冻胀破坏的案例。聚氨酯碎石混合料对酸雨等自然腐蚀具有良好的抗腐蚀能力,模拟酸雨试验如下:当聚氨酯碎石混合料孔隙率为 25% 时,在 pH 为 4.5 的硫酸溶液中浸泡 48 h 后,其聚氨酯膜未见明显剥落,质量损失为 0,抗压强度损失为 1.2%,几乎可以忽略。

4 设　　计

4.1 一般规定

4.1.1 相对于其他类型的透水路面,聚氨酯基透水路面具有很多优势,集路用、透水、抗滑、降噪、装饰于一体。因现阶段此类透水路面的应用较少,已经铺筑的路面的投入使用时间多未超过5年,且未发现显著的破坏,因此本规程对聚氨酯基透水路面使用年限未做具体规定。

4.1.2 鉴于聚氨酯碎石混合料的强度特性,对聚氨酯透水面层厚度,应根据实际情况进行选定。

聚氨酯透水面层厚度也可以根据水泥混凝土路面结构设计方法(以弯拉强度为设计指标)进行设计,通过验算路表弯沉及各层层底拉应力,确定聚氨酯碎石透水路面的合理铺装层厚度。由于各种基层材料模量差别较大,为了能够较好地模拟不同的半刚性基层模量对路面结构的影响,使整个路面设计偏于安全,应满足如下要求:

(1)使各结构层模量组合处于最不利状态;

(2)路面结构层之间均质且连续;

(3)路面结构同时设置了基层与底基层。

聚氨酯碎石透水铺装层厚度设计需综合考虑以下几个因素:

(1)使路面纵向接触点不小于6个(与集料最大公称粒径有关),以保证其基本物理力学性能满足要求;

(2)满足路面各结构层层底拉应力的要求,保证路面不发生断裂破坏;

(3)满足路面设计弯沉的要求,避免路面车辙等病害的发生。

在规程制定过程中，通过试验得出各基层及底基层的模量范围，基层模量为1 000～2 500 MPa，底基层模量为800～2 000 MPa，土基模量为20～80 MPa，进一步得出基层及底基层总厚度范围宜为40～50 cm。

当采用软件设计聚氨酯碎石透水铺装层厚度时，设计流程如下所示：假定铺装层厚度→将各参数指标（见表4.1）输入路面力学设计软件进行模拟计算→检验该假设厚度下各指标（层底拉应力及设计弯沉）是否满足要求→若不满足要求，重新假设铺装层厚度进行验算。

根据实际应用案例及上述计算方法，现给出聚氨酯碎石透水路面的推荐厚度，如表4.2所示。

表4.1　路面设计各参数指标要求

设计参数	公路等级	设计年限（年）	标准轴载（kN）	累积轴载作用次数（次）
指标要求	四级	15	BZZ－100	3.73E＋07

表4.2　铺装层厚度推荐值

碎石粒径	胶粘剂用量（%）	推荐厚度（cm）	基层及底基层总厚度（cm）
2.36～4.75 mm 大理岩	3.7	3～4	40～50
4.75～9.5 mm 大理岩	3.9	4～6	
4.75～13.2 mm 花岗岩	4.8	5～7	

4.1.3　聚氨酯胶粘剂流动性较强，在集料表面只能形成胶浆薄层，当胶粘剂超过某一用量时，多余胶粘剂在重力作用下向混合料底部流淌，填充于孔隙中，并在底面形成封层（胶粘剂“析漏”所致），这样

既对强度增长贡献不大，又造成胶粘剂浪费。因此，胶粘剂用量并非越大越好，而是存在最佳胶粘剂用量。

最佳胶粘剂用量确定方法如下：先确定出聚氨酯碎石混合料胶粘剂用量范围，然后在该范围内选取不同胶粘剂用量测定其强度值，通过强度变化特征确定出聚氨酯碎石混合料的最佳胶粘剂用量。

4.1.4 聚氨酯基透水路面的基层主要考虑透水性能、承载力状况以及水稳定性。基层要保证在设计的储水时间内强度改变不大，或者降低的幅度处于可接受的范围内，否则需重新设计基层。

透水基层设计时，一般需考虑以下四个方面的要求：

第一，具有足够的渗透能力，在规定的时间内能排出进入路面结构内的雨水；

第二，具有一定的稳定性，以支撑路面的施工操作；

第三，具有足够的储水能力，可暂时储存未排出的雨水；

第四，具有足够的强度，以满足路面结构的总体性能。

4.2 构造设计

4.2.2 聚氨酯基透水路面适用于新建、扩建、改建的道路工程、市政工程、广场、停车场、人行道等。其中，聚氨酯基透水路面Ⅰ型仅路面表面聚氨酯碎石作为透水功能层，聚氨酯碎石表面层下设封层，雨水通过聚氨酯碎石表面层内部水平横向排出。其主要功能是排出路面积水、降低噪声、提高路面抗滑性能和行车安全性能。聚氨酯基透水路面Ⅱ型是面层和基层均具有透水能力，雨水降落到路面后，渗入路面直至基层，在基层底部横向排出，聚氨酯基透水路面Ⅱ型除具备Ⅰ型所具备的功能外，还具有路面储水功能，能减少地面径流量，减轻暴雨时城市排水系统的负担。聚氨酯基透水路面Ⅲ型是整个路面结构即面层、基层和垫层均具有良好的透水性能，雨水在降雨结束后的一定时间内，通过路面结构渗入土基，聚氨酯基透水路面Ⅲ型除具备Ⅰ型和Ⅱ型的功能外,另一个重要特点是补充城市地下水资源,改善道路周边的水平衡和生态条件,提供良好的人居环境。

4.2.3 聚氨酯基透水路面从结构上主要分为面层、基层和垫层。面层一般采用聚氨酯碎石混合料。基层在面层下,一方面,参与承载路面结构,具有力学强度;另一方面,可以作为暂时的储水层。垫层不同于传统路面的垫层,在土基渗透性良好的路面结构如砂性土路基中可以不设置该层,可通过在垫层和土基之间设置土工织物,起到隔离土基细粒料的作用;当路基土渗透性一般,如黏性土,为了改善土基的水稳状况,提高路面结构的水稳性和抗冻胀能力,则应设置砂垫层。

4.3 配合比设计

4.3.1 聚氨酯碎石混合料用集料主要是指碎石,而且为了保证混合料具有较好的透水性能,现阶段通常采用单级配碎石施工(2.36～4.75 mm、4.75～9.5 mm、4.75～13.2 mm),这样既能保证具有所要求的透水性,又能保证聚氨酯碎石混合料的抗压、弯拉强度满足设计要求。

集料根据组成特点可分为连续级配、间断级配和单档级配。它们堆积状态各异,密实程度各不相同。根据逐级填充理论,连续级配堆积孔隙率最小、密实程度最高;而单档级配则通过集料相互嵌挤形成骨架,基本无逐级填充现象。通过一系列试验,从透水性能来看,单档级配和间断级配优于连续级配,从力学性能来看,后者优于前者,但差异不大。

4.3.2 在集料的选取上,应根据铺装厚度选取一定粒径的碎石,粒径为铺装厚度的1/10左右时,其路面性能及透水性能最优;同时,应根据实际的气候及土壤环境选择大理石或者花岗岩类集料。实际施工过程中,可参照本规程条文说明中表4.2推荐的数据。

4.3.3 胶粘剂的最小用量采用肯塔堡飞散试验确定。肯塔堡飞散试验的目的是模拟面层材料在交通荷载反复作用下,集料与胶粘剂黏结力不足而引起集料脱落、掉粒、飞散等现象。标准肯塔堡飞散试验适用范围较广,但从大量实践经验可知,标准肯塔堡飞散试验并不适用于聚氨酯碎石混合料,原因很简单:标准肯塔堡飞散试验是评定沥青面层在行车荷载作用下不产生集料剥落的最少沥青用量的方法,适用于车辆荷载作用下的承重道路;而现如今聚氨酯碎石混合料大多用于轻型荷载道路,显然用沥青路面的标准进行肯塔堡飞散试验对其要求过于苛刻。本规程根据聚氨酯碎石混合料在不同旋转次数下的损失量及混合料的破坏特点得出适宜聚氨酯碎石混合料的判别标准,并在此基础上提出各档集料的初始最小胶粘剂用量。

鉴于聚氨酯碎石混合料的特点,本条对肯塔堡飞散试验转数进行了调整,规定转数有以下两个目的:

(1)使肯塔堡飞散试验结果有较强区分度;

(2)能较好地反映集料间的黏结状况。

在此基础上,结合对试验结果的分析,将肯塔堡飞散试验中旋转 125 r、飞散损失量不超过 20% 的用量定为初始最小胶粘剂用量。

不同胶粘剂用量、不同旋转次数下的肯塔堡飞散试验结果见图 4.1 ~ 图 4.3。

由试验结果可以看出:因聚氨酯碎石混合料内部结构以点—点接触为主,明显区别于沥青混凝土和水泥混凝土的面—面接触;当胶粘剂用量为 0.5% 或 1.0% 时,胶粘剂用量明显不足,混合料黏结力不足,因此会使集料全部散落;当胶粘剂用量较大时,肯塔堡飞散损失不是因为集料间黏结力不足,而是因为集料被击碎,导致质量损失呈直线型增加。

以图 4.1(2.36 ~ 4.75 mm 大理岩)为例,介绍一下确定初始

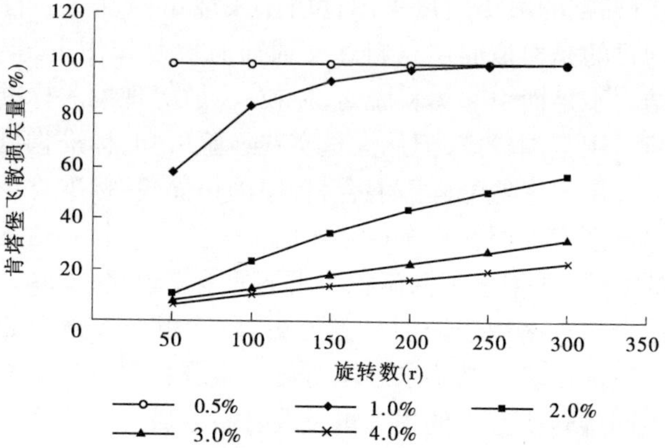

图 4.1 2.36 ~ 4.75 mm 聚氨酯碎石混合料飞散损失量示意图

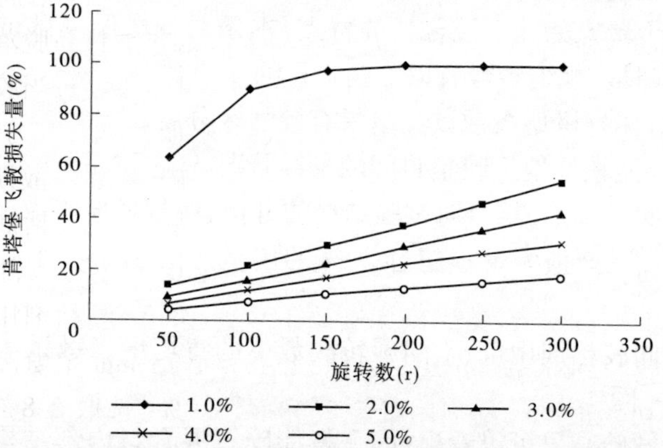

图 4.2 4.75 ~ 9.5 mm 聚氨酯碎石混合料飞散损失量示意图

最小胶粘剂用量的过程：由图 4.1 可知，当 2.36 ~ 4.75 mm 聚氨酯碎石混合料胶粘剂用量为 0.5% 时，旋转 50 次后集料全部散落且无集料损坏现象，说明质量损失完全是由黏结性不足所致；当胶粘剂用量提高到 1.0% 和 2.0% 时，肯塔堡飞散损失量和各平行试验结果的波动性均较大，而且更为关键的是肯塔堡飞散掉的集料

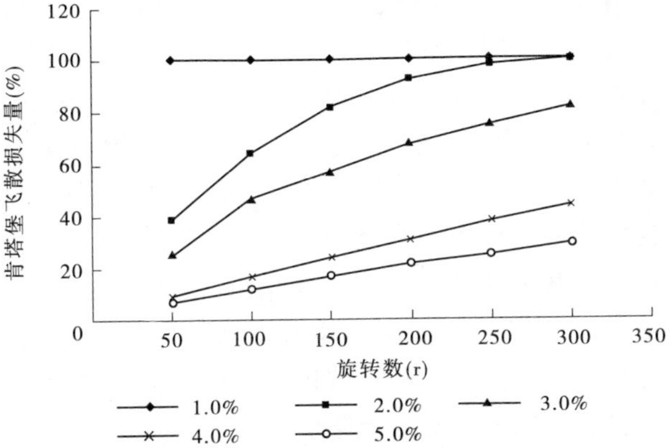

图 4.3 4.75 ~ 13.2 mm **聚氨酯碎石混合料飞散损失量示意图**

也未产生破坏,之所以产生飞散损失,大都是因为胶粘剂用量不足,致使集料间的黏结力不强,受到撞击作用使集料易脱落;此后,随着胶粘剂用量的增加,集料间的黏结强度越来越强,当胶粘剂用量增加到 3.0% 和 4.0% 时,两条飞散损失曲线已接近于平行状态,损失量都相对较小且表面集料完全被击碎,说明飞散损失量大多是由于试件受到撞击时表面集料被击碎所致,与胶粘剂用量关系不大;也就是说,当胶粘剂用量增大到 3.0% 左右时,随着胶粘剂用量的继续增大,损失量逐渐趋于平稳,3.0% 胶粘剂用量已足以保证集料间的黏结作用。所以,2.36 ~ 4.75 mm 聚氨酯碎石混合料的初始最小胶粘剂用量为 2.5% ~ 3.0% ,选取 2.8% 为初始最小胶粘剂用量。依据上述分析方法得出,4.75 ~ 9.5 mm 聚氨酯碎石混合料初始最小胶粘剂用量为 3.0% ,4.75 ~ 13.2 mm 聚氨酯碎石混合料初始最小胶粘剂用量为 4.0% 。

初期探索胶粘剂用量的上限值不可盲目选择,由于胶粘剂具有流动性,集料表面形成的胶浆层较薄,当胶粘剂用量增加到一定程度后,多余胶粘剂会下渗到混合料底部,形成底面封层,即所谓的“析漏”现象。本规程将成型试件不发生“析漏”的最大胶粘剂用量定为初始最大胶粘剂用量。

现在的问题是试件究竟需要多大的胶粘剂用量才能观察到混合料底面产生“析漏”。为了解决此问题,本规程引入了“自然裹覆胶粘剂用量”的概念。自然裹覆胶粘剂用量是指在胶粘剂用量足够大的情况下集料表面自然吸附的胶粘剂总量,其用于表征集料表面吸附胶粘剂的能力。高于此用量,混合料内部会产生大量的自由胶粘剂,这部分胶粘剂根本起不到黏结集料的作用,而是向下流淌,填充于混合料孔隙中,故选取自然裹覆胶粘剂用量作为成型试件时胶粘剂用量的理论上限值。

选取各档集料以自然裹覆胶粘剂用量为理论上限值成型边长为 100 mm 的立方体试件的不同胶粘剂用量(以自然裹覆胶粘剂用量为基准至少设置 5 个用量)的立方体试件,将最先产生“析漏封层”(标准是试件底面基本形成封层,但不会完全被堵塞)的胶粘剂用量定为初始最大胶粘剂用量。通过大量试验验证,自然裹覆胶粘剂用量和初始最大胶粘剂用量之间存在一定的比例关系,初始最大胶粘剂用量与自然裹覆胶粘剂用量的比值约为 0.85。自然裹覆胶粘剂用量试验结果如表 4.3 所示。

表 4.3　自然裹覆胶粘剂用量试验结果

集料规格	2.36 ~ 4.75 mm	4.75 ~ 9.5 mm	4.75 ~ 13.2 mm
试验前石子质量(g)	200.3	200.0	200.3
试验后石子 + 胶粘剂质量(g)	217.2	213.1	217.3
自然裹覆胶粘剂用量(%)	8.4	6.6	8.5

聚氨酯胶粘剂具有很强的黏附性,在试验中损失现象较为严重;而且与实际施工中进行大批量生产不同,室内研究所需混合料

较少,胶粘剂的损失对研究结果将产生较大影响。所以,配合比设计过程中需要对初始胶粘剂用量范围加以修正,扣除试验中的损失量,得出胶粘剂实际用量范围。

测定步骤如下:试验前对接触胶粘剂的容器进行称重→试验后将容器剩余混合料清除干净再称重→两者质量差除以胶粘剂总重即为胶粘剂损失量。

对每次试验后的损失量进行归纳总结,得出各档集料在不同胶粘剂用量下的胶粘剂损失量,以供参考。实验室不同胶粘剂用量下胶粘剂损失量如表 4.4 所示。

表 4.4　实验室不同胶粘剂用量下胶粘剂损失量

集料规格	不同胶粘剂用量下损失量(%)	
	胶粘剂用量	损失量
2.36 ~4.75 mm	2.8	0.25
	7.0	0.37
4.75 ~9.5 mm	3.0	0.21
	5.5	0.31
4.75 ~13.2 mm	4.0	0.42
	7.0	0.70

将初始最小胶粘剂用量和初始最大胶粘剂用量减去相应的损失量即可得到实际的胶粘剂用量范围,结果如表 4.5 所示。

表 4.5　聚氨酯碎石混合料胶粘剂用量范围

集料规格	2.36 ~ 4.75 mm	4.75 ~ 9.5 mm	4.75 ~ 13.2 mm
胶粘剂用量范围（%）	2.6 ~ 6.6	2.8 ~ 5.2	3.6 ~ 7.3

采用以下步骤确定聚氨酯碎石混合料的最佳胶粘剂用量：

(1) 确定出聚氨酯碎石混合料胶粘剂用量范围；

(2) 在该范围内选取不同胶粘剂用量测定其强度值（抗压及抗折强度）；

(3) 绘出强度随胶粘剂用量的变化曲线；

(4) 通过强度变化特征确定出聚氨酯碎石混合料的最佳胶粘剂用量。

2.36 ~ 4.75 mm、4.75 ~ 9.5 mm、4.75 ~ 13.2 mm 聚氨酯碎石混合料强度随胶粘剂用量变化曲线如图 4.4 ~ 图 4.6 所示。

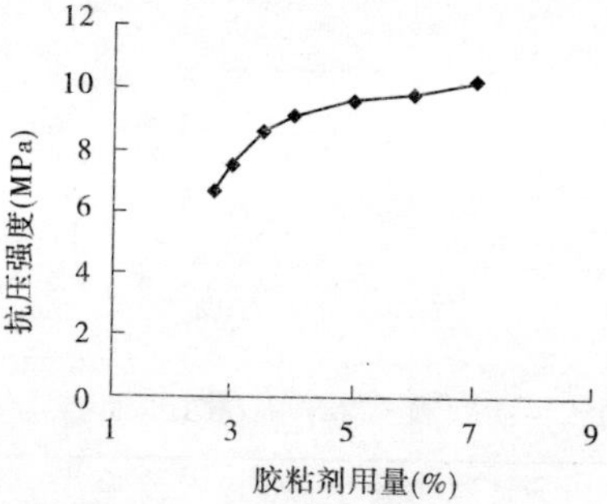

(a)抗压强度

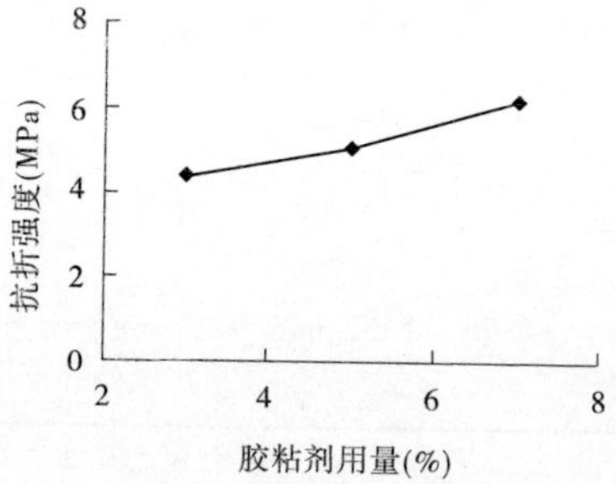

(b)抗折强度

图 4.4　2.36 ~ 4.75 mm **聚氨酯碎石混合料强度随胶粘剂用量变化曲线**

根据已经得到的相关数据并加以修正，用初始最佳胶粘剂用量减去相应的胶粘剂损失量即可得到实际的最佳胶粘剂用量，结果如表 4.6 所示。

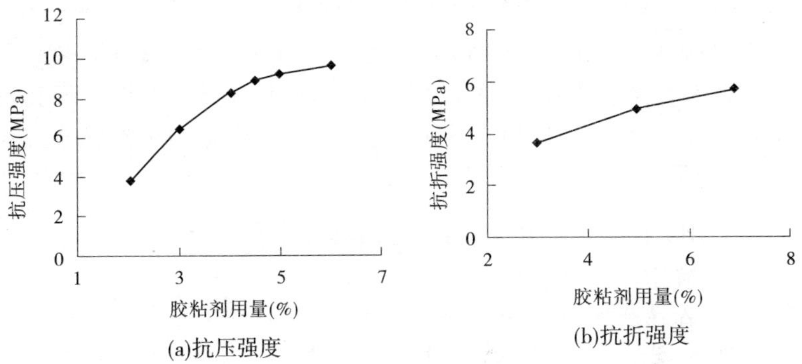

图 4.5 4.75～9.5 mm 聚氨酯碎石混合料强度随胶粘剂用量变化曲线

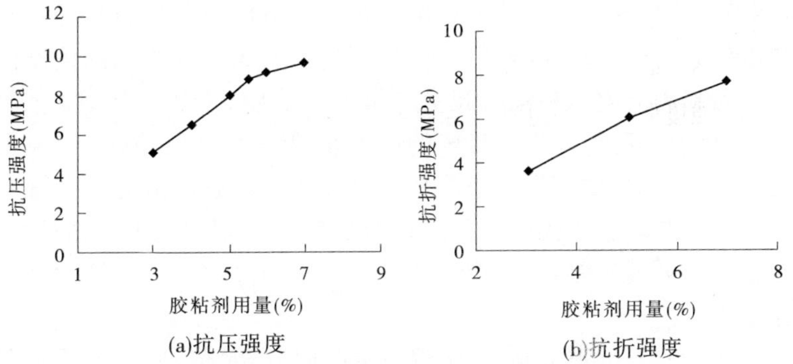

图 4.6 4.75～13.2 mm 聚氨酯碎石混合料强度随胶粘剂用量变化曲线

表 4.6 最佳胶粘剂用量计算结果

集料规格	2.36～4.75 mm	4.75～9.5 mm	4.75～13.2 mm
胶粘剂用量(%)	4.0	4.2	5.4
损失量(%)	0.29	0.27	0.57
最佳胶粘剂用量(%)	3.7	3.9	4.8

本规程制定过程中试验所得胶粘剂用量可以作为实际应用的参考数据。由于每批次集料在干净程度、粒径大小、针片状颗粒含量等方面都不同程度地存在差别，实际施工过程中可根据集料的特点（特别是洁净程度）适量增减胶粘剂用量，调整幅度宜以0.3%为单位。

4.4 基层设计

4.4.1 由于聚氨酯碎石透水路面的透水性，雨水直接通过透水铺装层向基层渗透，导致基层结构不稳。相对于普通路面，透水路面更容易因基层不稳而受损，故基层应稳定、均质并有足够的强度和刚度。如设计有横坡度，基层与面层必须一致，且不反坡。

4.4.3 级配碎石透水基层是由各种大小不同粒径碎石按照一定级配组合的开级配混合料。在这种结构中，粗集料之间的内摩阻力和嵌挤力对混合料强度起决定作用。级配碎石透水基层虽然具有较好的耐高、低温性和良好的透水性，但其强度低、模量小、永久变形大。因此，如何提高级配碎石透水基层的强度成为能否成功应用的关键。为了提高级配碎石透水基层的强度，需要严格选材，控制碎石原材料强度、压碎值以及细集料的塑性指数、针片状含量。

级配碎石的最大粒径为37.5 mm时，*CBR*值最高，但是粒径越大，在运输、施工过程中，离析现象越严重。最大粒径为31.5 mm特别是26.5 mm的级配碎石相对不容易离析，质量均匀，同时可以满足较高的*CBR*值和干密度。级配碎石的级配范围如表4.7所示。

4.4.4 大粒径透水沥青混合料的试验方法应符合现行行业标准《公路沥青路面施工技术规范》JTG F40的规定。

表 4.7 级配碎石的级配范围

通过下列筛孔(mm)的质量百分率(%)								
筛孔尺寸	31.5	26.5	19.0	9.5	4.75	2.36	0.6	0.075
通过率	100	80 ~ 95	65 ~ 85	30 ~ 60	20 ~ 40	10 ~ 22	3 ~ 12	1 ~ 6

4.5 垫层设计

4.5.1 透水垫层介于透水基层与土基之间。垫层可改善土基水稳状况,提高路面结构的水稳性和抗冻胀能力,并扩散荷载、减小土基变形、扩大渗透面积、提高透水能力,还可以作为反滤层,防止土基材料进入透水基层。目前,透水垫层可采用粗砂、砂砾、碎石等透水性能好的粒料类材料,通过 0.075 mm 筛孔颗粒含量不宜大于5%。当土基受冻胀影响较小且为渗透性较好的砂性土或者底基层为级配碎石时,可不设垫层。

4.6 路基设计

4.6.2 聚氨酯基透水路面Ⅲ型为全透水结构,雨水直接通过路面各结构层向路基渗透,湿陷性黄土、盐渍土、膨胀土等路基土因雨水直接渗入而不稳定,路面结构会因路基的不稳而受损,在此类路基土上不宜直接铺筑聚氨酯基透水路面Ⅲ型。

4.7 排水设计

4.7.1、4.7.2 排水系统的设置对透水路面的重要性不言而喻,好的排水系统可使雨水及时排除,不产生积水,使路面始终处于较好的受力状态,有助于提高路面的耐久性能。

按照路面排水方式,可分为无组织排水路面和有组织排水路面。无组织排水是指透水场地相对平整、无排水设施，雨水可自然下渗的排水方式；而有组织排水是指通过设置路面纵坡、横坡将水排出路面的排水方式。路面排水除应根据排水系统进行设计外，还应按照工程不同的地质条件设计排水方式，设计过程中应注意以下几点：

(1)当道路排水设计重现期高于地区排水标准时，应增设必要的排水设施。

(2)透水铺装层的雨水下渗设计，可以根据实际情况，结合有组织排水结构进行设计，确保产生的径流能够顺畅地流入其他排水设施。

(3)当土基含水量过高时，可采用盲沟、排水沟以及两者相结合的方式拦截流向土基的地下水并排到土基外，以保证土基处于干燥状态。

(4)透水路面排水、集水系统设计应包括两个方面的内容：道路地面水的排出和道路地下水的排出；道路地面水的排出主要考虑排水路面径流的预处理和透水铺装路面本身的设计。

(5)设计排水系统时，可利用市政排水沟或雨水口，把聚氨酯碎石透水路面直接铺设至排水沟或雨水口，雨水通过面层直接排入雨水口中，也就是将排水沟或雨水口与聚氨酯碎石透水路面接触部分设置成透水结构。

(6)不能使用自然下渗系统的地区包括：路基不稳定地段，易发生陡坡坍塌、滑坡和泥石流的危险区域，易对自然环境造成危害的场所，自重湿陷性黄土、膨胀土等特殊土区域。

4.7.3 当聚氨酯基透水路面设置排水设施时，排水应接入城市排水系统。在城市排水系统尚未建立时，应设计临时排水系统。

5 施　　工

5.1 一般规定

5.1.4 由于水及粉尘对聚氨酯黏结剂的黏结性能影响巨大，在铺设透水面层前必须对基层做清洁、干燥处理，确保干燥、无尘。

5.1.6 施工中应根据工程所在地的气候环境，确定冬季、雨季和夏季高温时段的作业起止时间，禁止在雨天进行施工。聚氨酯碎石混合料属于快硬性材料，并且温度越高，凝结硬化越快，夏季高温条件不利于聚氨酯基透水路面的施工。在夏季高温时段，通常要在混合料拌和、运输及摊铺压实时采取特殊措施，比如合理安排施工时间以避开高温时段、尽量缩短施工时间等。当大气温度达到 40 ℃及以上时，不宜施工。

5.2 铺筑试验段

5.2.1 铺筑试验段是验证配合比设计及完善施工工艺的重要措施。通过铺筑试验段，可以确定以下内容：

(1)检验配合比(碎石粒径及胶粘剂用量)的可行性，确定施工配合比；

(2)验证设计摊铺厚度；

(3)测定松铺系数；

(4)确定从混合料拌和到压实成型所需要的时间，编制最佳施工机械组合；

(5)确定成型方法、压实工艺等技术关键；

(6)选取每一作业段最适宜长度，以便做到高效施工。

5.3 路基基层施工

5.3.1 路基开工前,应在理解设计要求和设计交底的基础上,对施工地段进行详细的现场调查与核对。

5.4 拌和、运输

5.4.1 聚氨酯胶粘剂的称量必须准确,胶粘剂用量过小或过大均会严重影响工程质量。首次搅拌聚氨酯碎石混合料时,搅拌设备会附着一定量的胶粘剂,为避免对工程质量造成影响,应适当增加胶粘剂用量,再次搅拌时则无需增加。

5.4.2、5.4.4 混合料必须采用机械搅拌。由于混合料凝结时间较快,拌和后不宜长时间停留,因此搅拌机配制容量应根据工程大小、施工进度、施工顺序和运输工具等条件选择。选取的搅拌场地要靠近透水铺装层施工现场,要确保运输、摊铺、压实总时间控制在混合料凝结硬化时间内。聚氨酯碎石混合料从搅拌机出料,运至施工地点进行摊铺、压实直至毛面防滑处理完毕的最长时间不宜超过表 5.1 中的推荐值。

表 5.1 不同温度下允许最长施工时间

施工气温(℃)	允许最长时间(min)
<15	30
15~30	25
30~40	20

5.4.3、5.4.5 聚氨酯胶粘剂一般采用双组分,A 组分与 B 组分搅拌后需一定的凝固时间,在此时间内胶粘剂流动性较大,容易出现胶黏结上下层不均匀现象。为方便施工,在胶体流动性较大时,可适当添加 140 目的石英粉(这是一个经过试验确认的可行方法)。

添加量应根据实际情况确定,不宜大于 10%。

由于采用双组分聚氨酯胶粘剂,其黏结性能和凝固时间均由两种组分的添加比例决定,且凝胶过程中会发生一系列的化学反应,为不影响工程质量,应禁止往胶粘剂中添加其他任何化学物品。

5.4.6 混合料运输过程中,应防止漏料和污染路面等现象发生,注意减少车辆颠簸,以防聚氨酯胶粘剂向下流淌而造成离析。

5.4.7 如果施工中断(如用餐、工程完工等),搅拌装置所附胶水会粘上灰尘或碎石,在搅拌机底部和内表面形成一层残留。为防止这类情况发生,可将适量碎石倒进搅拌机,快速搅拌并倒出,带走残留的胶水。

5.5 摊铺、压实

5.5.1 铺筑试验段时,一般采用 1.1 的松铺系数,也可选取铺筑试验段时测定的数据。

5.5.5 为增强表面耐磨度,待聚氨酯碎石透水面层固化后,每平方米需滚涂 0.1 kg 搅拌均匀的聚氨酯胶粘剂,并在胶粘剂未固化前在其表面均匀喷撒细度为 100 目的石英粉(每平方米约 0.1 kg),以增强路面的防滑效果(视施工现场需要,如要达到全亚光或半亚光效果,可以适当增加或减少石英粉的用量)。

5.5.6 封闭道路主要有以下两个目的:

(1)保持孔隙内清洁,使其不被泥土、油类等污染;

(2)防止在聚氨酯碎石透水路面未达到设计强度前受到冲击而受损。

封闭时间可根据温度进行适当调整,一般至 24 h(温度 28 ℃)即可开放交通,当温度较高时,可提前开放交通。

6 质量验收

6.1 一般规定

6.1.1~6.1.3 聚氨酯基透水路面施工应根据全面质量管理的要求,建立健全有效的质量保证体系,对施工各工序的质量进行检查评定,使其达到规定的质量标准,确保施工质量的稳定性。

6.2 质量检验标准

主控项目

6.2.1、6.2.2 本条对聚氨酯基透水路面所用的原材料质量检验做出规定,其检验标准应符合本规程第3章的规定。

6.2.3 本条对聚氨酯基透水路面面层质量检验做出规定,抗滑性能试验方法应符合现行行业标准《公路路基路面现场测试规程》JTG E60 中 T 0964 的规定;透水系数测试方法应符合本规程3.2.7的要求。上述试验所需试件必须在路面实体上取样,取样方法参照《公路路基路面现场测试规程》JTG E60 执行。

一般项目

6.2.7 本条对聚氨酯基透水路面面层允许偏差进行了规定,并给出了相应的检验频度和检查方法。施工中应参照执行。

7 养　护

7.0.1　聚氨酯碎石透水路面投入使用后，随着使用时间的增长，透水铺装层的孔隙会被泥土、树叶等垃圾阻塞，使其透水性能降低。因此，要做到预防与治理相结合，必须安排专门维护人员定期清理污染物。除此之外，还可以使用高压水枪（水压3～5 MPa）冲洗、压缩空气冲刷孔隙去除堵塞物、真空泵吸出堵塞物等有效方法。当采用高压水枪冲刷时，虽然对其冲洗压力作了限制，但这也只是针对一般工程而言，准确的冲洗压力还需根据具体工程选取，要严格控制水压力，以免对路面及路基产生破坏性影响。

7.0.2　对于冬季降雪，应采取及时清雪等措施防止路面结冰，禁止采用撒砂或灰渣等方式除雪。

7.0.3　当聚氨酯透水路面出现裂缝和碎石脱落时，必须及时维修。若损坏面积较小，清除损坏部位脱落、疏松的碎石及杂质后，即可填补新拌的聚氨酯碎石混合料进行修补；若损害面积较大，应先将路面疏松碎石及其周边部分铲除，挖成规则的坑槽，然后清洗去除孔隙内的灰尘及杂物，待坑槽干燥后，填补新拌聚氨酯碎石混合料，用整平装置加以整平，常温至规定时间即可开放交通。